10 initiatives pour soi

Prendre soin de sa santé psychique

La ***Chronique sociale*** est à la fois un organisme de formation et de recherche et une maison d'édition. Fondée à Lyon en 1892, elle s'est préoccupée dès ses origines de sensibiliser aux évolutions de la société et de suggérer une organisation de la vie collective plus solidaire et plus respectueuse des personnes.

Actuellement, les ***Éditions de la Chronique sociale*** publient des ouvrages et des jeux pédagogiques qui contribuent à mettre en œuvre ces orientations. Issus de pratiques professionnelles et sociales, ils sont au service de tous ceux qui s'efforcent de mieux comprendre le monde.

Chacun pourra s'approprier ces outils et les utiliser, tant pour son développement personnel que pour une action collective efficace.

Couverture : Monique Clavaud
Aquarelle : Feuilles de ciel

Responsable des Éditions : André Soutrenon

Correction : Annie Rigo

Imprimeur : Sepec numérique

Dans un souci de lisibilité, le choix de l'éditeur et de l'équipe de correcteurs a été de ne pas employer la double écriture masculin/féminin mais d'opter pour un masculin générique.

Chronique sociale, Lyon, Dépôt légal : 2024
Imprimé en France

PEFC 10-31-3532

Chantal De Mey-Guillard

10 initiatives pour soi

Prendre soin de sa santé psychique

Comprendre les personnes

l'essentiel

Chronique Sociale
1, rue Vaubecour - 69002 Lyon
Tél. : 04 78 37 22 12

De la même auteure

À la poursuite de l'horizon, poèmes, aquarelles, avec Monique Clavaud, Delatour, 2016.

Accepter ses émotions, Chronique sociale. 2012.

Cheminement vers la Sérénissime, Héraclite, 2018.

Éduquer au vivre ensemble, animer un atelier citoyenneté, Chronique sociale, 2007.

Avec Sophie Raguin, *Subir ou rebondir après une agression, Victima*, avec Sophie Raguin, Chronique sociale, 2004.

Escales vers soi, 35 escapades vers soi-même, Chronique sociale, 2010.

Évènement traumatique : réussir le premier lien : manuel pratique, Chronique sociale, 2018.

Image de soi, Chronique sociale, 2014.

Initiation aux Thérapies cognitives et comportementales, Chronique sociale, 2018.

Les années révolues, souvenirs de la Résistance et du Barreau de Pierre Cohendy, Permezel, 2008.

Musiques de l'instant : entretien avec Jean-Philippe Goude, Delatour, 2018.

Penser l'humour, Hugues Lethierry (dir.), Petit Pavé, 2017.

Relaxation Minute, Chronique sociale, 2016.

Trouver à redire, Maximes pour la vie, avec Anne Haudine, Éditions Chantoiseau (auto-édité), 2022.

Je remercie Philippe De Mey pour son inspiration dans ce projet, et son aide technique.

Je remercie Olivia pour son courage.

Je remercie André Soutrenon, directeur de Chronique sociale, pour sa confiance.

10 initiatives pour soi

Pourquoi cet ouvrage ?

Initiatives : du latin *initiare :* commencer ; dans le sens de celui qui est porté à agir.

Cet ouvrage donne forme à des petites actions pour rester en forme intellectuelle et psychique, et ce, le plus longtemps possible sur notre cheminement sur la Terre et dans les meilleures conditions.

On peut se poser la question : pourquoi rester en forme ? Et qu'est-ce que la forme intellectuelle et psychique ?

Notre parcours sur la Terre s'est allongé. Nous profitons d'années supplémentaires, nous vivons plus longtemps. Autant profiter de l'ensemble de ces années en plus pour les vivre le mieux possible. Rester en forme intellectuellement, c'est rester curieux. Rester en forme psychiquement, c'est apprécier la chance d'être en vie sur cette Terre, en avoir conscience et apprécier cet état de fait avec le plus de recul et le plus longtemps possible.

L'OMS, l'Organisation mondiale de la santé, après la pandémie de Covid 19 a publié cette définition :

« La santé mentale correspond à un état de bien-être mental qui nous permet d'affronter les sources de stress de la vie, de réaliser notre potentiel, de bien apprendre et de bien travailler, et de contribuer à la vie de la communauté. Elle fait partie intégrante de la santé et du bien-être sur lesquels reposent nos capacités individuelles et collectives à prendre des décisions, à nouer des relations et à bâtir le monde dans lequel nous vivons. La santé mentale est un droit fondamental de tout être humain. C'est aussi un aspect essentiel du développement personnel, communautaire et socio-économique »[1].

1. D'après le rapport de l'OMS sur la santé mentale dans le monde publié en juin 2022.

Respirer et prendre soin de son corps

« Le corps est le temple de l'esprit. »
Saint Paul

Respirer

Respirer, c'est ce que l'on fait à longueur de temps mais sans réfléchir.

Justement, essayons de respirer plus longuement et plus consciemment, car on peut accélérer, ralentir, approfondir la respiration. La respiration est une fonction automatique. Les poumons ne nous demandent pas notre avis. Cela se fait indépendamment de notre volonté.

Depuis notre premier cri, jusqu'à notre dernier soupir, nous vivons, donc nous respirons. Essayons de mettre un peu de conscience, de recul, de distance avec ce phénomène automatique de la vie. Comme si on se regardait respirer, comme si on prenait acte de ce qui se passe en nous, même si au bout du compte, on maîtrise peu cette fonction respiratoire. Le fait de mettre un peu de conscience revisite cet échange d'air entre l'extérieur et notre intérieur.

Savoir respirer nous servira toute la vie !

Les trois types de respiration :

- la *respiration ventrale*, où le ventre, tel un ballon, se gonfle à l'inspiration ;
- la *respiration intercostale,* durant laquelle les basses côtes s'écartent horizontalement. On peut la ressentir en posant nos mains de chaque côté, au bas du thorax ;
- la *respiration haute* qui voit se soulever la poitrine et parfois les épaules.

Dans certains moments où notre corps se rappelle à nous – le *silence des organes* évoque un corps sain – une respiration plus longue et plus ample nous aidera lors de ressentis douloureux.

Mais pour cela cet exercice doit être pratiqué de manière régulière.

C'est à vous…

Exercice

Respirer consciemment veut dire, se rendre compte que l'on respire et que l'on choisit d'allonger son inspiration et son expiration. Respirer, c'est se sentir vivre.

Faire cela cinq fois en inspirant et en expirant.

Prendre soin de notre corps

Pensons à nous reposer, à dormir en repérant nos cycles de sommeil et d'endormissement, nos bâillements.

Ayons la main légère avec l'alcool, les médicaments que nous prenons, la cigarette, si elle fait partie de notre vie.

Où est-ce que je me situe dans mes dépendances, celles-ci ou d'autres. La liste n'est pas exhaustive...

Une respiration consciente nous aidera à repérer la manière dont nos poumons s'approprient l'air, mais aussi nous permettra de mieux prendre soin de notre corps.

Réflexion

Poser un acte conscient

C'est choisir en connaissance ce que nous souhaitons pour nous, pour être en accord avec nous-même dans notre vie et dans le quotidien. Dans le cas d'une respiration consciente, c'est mettre de l'attention dans ce geste qui consiste à repérer le mouvement de nos poumons qui se gonflent et à décider de vouloir allonger notre respiration.

Se tourner vers soi et cultiver son jardin secret

« Qu'est-ce que le bonheur, sinon le simple accord entre un être et l'existence qu'il mène. »

Albert Camus

Soyons à l'écoute de notre ambiance intérieure, de notre silence interne qui est en quelque sorte notre état de base.

Qu'est-ce à dire ?

Ici c'est dans le sens psychologique qu'il faut le prendre. Certes il s'agit de notre ressenti intérieur dans la neutralité du corps qui va bien et qui nous accompagne dans notre quotidien. Il n'est pas question ici du corps douloureux ou affaibli par le poids des ans. Justement plus on commence tôt dans la vie ces petits exercices, plus notre corps sera un ami pendant notre voyage sur cette Terre. Il sera un bon compagnon sur qui l'on peut compter. Nous sommes ici, grâce à notre corps. Essayons de l'apprivoiser au fil du temps et de nous familiariser avec ses besoins. Soyons à son écoute, car de l'enfance à la mort, il nous accompagne partout et tout le temps. Trouvonslui des qualités au milieu de tous ses défauts. Soyons dans l'acceptation de nous-même.

Nous sommes un corps, une psyché, et peut-être plus encore.

Mais qu'en est-il de notre silence intérieur ou de l'activité de nos pensées qui dansent dans un perpétuel mouvement d'idées, d'appréciations, de monologues intériorisés ? Ce silence est-il parsemé de paroles, de dialogues entre soi et soi, ou est-il au diapason du silence extérieur et des sons de la nature ? Le silence interne est quelquefois un peu difficile à obtenir. Le plus souvent, notre mental fonctionne dans la continuité et les associations d'idées, et parfois indépendamment de notre volonté.

Cela se passe en nous, et le silence n'est pas au rendez-vous.

Le silence environnant peut-être un préalable à cet essai de silence intérieur.

Exercice

On peut fermer les yeux pour se concentrer sur la musique (parfois bruyante de la nature) ou sur une musique qui nous apaise ou qui nous détend.

Il existe aussi certains lieux, même en ville, où l'on ressent cette immobilité du temps, le ressenti du vrai silence. À vous de le découvrir dans des lieux parfois inattendus, dans la nature, mais aussi dans une rue déserte, en ville, au milieu de l'été…

Il s'agit du silence extérieur, et appréhendé par chacun de nous.

Dans le tourbillon de nos pensées, essayons de nous dire : « Mes pensées dansent, arrivent, repartent, reviennent, virevoltent, je sais qu'elles sont là et j'ai conscience que ces pensées bourdonnent en moi. »

Il s'agit de *l'accusé-réception* de ce qui se passe en soi et par rapport auquel on arrive à prendre de la distance, justement par cet accusé-réception.

Fermons les yeux quelques secondes, choisissons un lieu, un paysage où nous sentons en sécurité, notre jardin secret. C'est notre havre de paix, où nous pouvons venir pour nous ressourcer autant que nécessaire. Apprécions ce moment de calme et de confiance. Ce jardin secret nous sera utile lorsque nous aurons besoin de trouver un lieu de ressourcement personnel dans des épreuves de la vie.

Voyons ce qui se passe en nous et acceptons, sans nous juger.

Réflexion

Construire son jardin secret, son espace intérieur

Choisissons un paysage, que nous connaissons, un endroit de vacances, ou un endroit imaginé. Ce paysage est le nôtre, il nous permet de nous ressourcer. Nous nous retrouvons en confiance dans ce lieu, le nôtre, au milieu de cette vallée de la vie qui n'est pas toujours rose bonbon.

On peut suivre les règles suivantes pour accéder à ce jardin unique, cet éden réconfortant.

Descendons quelques marches en respirant plus profondément et retrouvons le lieu choisi, ce jardin secret. Comment est-il ? Une fontaine est-elle au milieu. Entendons-nous le clapotis de l'eau, comment est l'herbe sous nos pieds, entendons-nous des oiseaux ? Ce petit épisode jardin secret a un rôle sécurisant, calmant, apaisant. Il est important de faire participer nos sensations, avec le bruit de l'eau, les couleurs, le toucher. On peut retourner aussi souvent que nous le souhaitons, dans cet espace intérieur, le nôtre…

Notre mise à distance face aux stress et aux tourbillons de tous ordres sera incomparable.

Se relaxer, lâcher prise, prioriser

« Apprendre à être ! Apprends cela et rien ne pourra t'atteindre. »

Charles Morgan

Nous avons tous nos petits trucs pour nous détendre et peut-être nous relaxer.

Le lâcher-prise est encore plus difficile, surtout lorsque nous en avons besoin. Dans une situation tendue, dans une réunion interminable, nous aimerions pouvoir nous déconnecter. Parfois c'est le contraire qui se passe : on se retrouve encore plus tendu, plus stressé afin d'éviter que notre inconfort et notre crispation se voient.

Le lâcher-prise

C'est l'acceptation dans l'instant présent de ce qui arrive. C'est une situation que l'on aurait envie de contrôler, mais que l'on laisse venir sans tension.[2] Être en harmonie entre l'instant que l'on vit et soi-même, et en prendre conscience.

2. Chantal De Mey-Guillard, *Relaxation minute*, Chronique sociale, 2016.

Ce peut être aussi des pensées que l'on voudrait chasser, qui tourbillonnent dans notre tête et qui s'incrustent. On laisse alors les pensées danser et partir d'elles-mêmes. Le lâcher-prise permet, avec quelques exercices de relaxation guidée ou d'auto-méditation, de prendre du recul, de s'adapter aux situations qui arrivent, et de discerner ce qui dépend de nous et ce qui n'est pas en notre pouvoir, les actions sur lesquelles nous pouvons exercer une influence ou pas.

Exercice

1- Si nous sommes derrière une table, serrons nos mains, très fort, l'une contre l'autre et appuyons sur les phalanges avec nos doigts. On ne remarquera pas ce petit étirement d'une partie de notre corps. Ce moment nous appartient et nous permet de prendre la distance nécessaire en cet instant.

2- Inspirons en levant les bras et expirons en baissant les bras et le haut du corps dans un grand souffle d'expiration.

3- (C'est un exercice pour les personnes à l'aise avec la visualisation mentale.) Les autres en sont dispensés.

Allongés, essayons de visualiser sept parties de notre corps avec des couleurs indiquées pour l'arc en ciel, ou les chakras, de bas en haut, rouge, orange, jaune, vert, indigo, bleu, violet. Cet exercice permet aux pensées de se concentrer, nous les contenons et elles sont un peu canalisées.

Réflexion

Faire des choix

Prioriser, établir une hiérarchie dans les choix que nous avons faits et que nous prenons représente une action importante et déjà une mise à distance dans notre vie.

Si nous avons l'impression que plus l'on avance en âge, plus le temps passe vite, ne perdons pas de temps, et essayons de discerner dans nos activités ce qui est de l'ordre de l'urgence et de l'important, pour donner la priorité à ce qui l'est et pour pouvoir organiser notre temps.

Prendre du temps pour soi

« Aucun homme ne peut trouver en ce monde de plus redoutable ennemi que lui-même. »[3]

Alain

Prendre du temps pour soi, être d'abord égoïste, s'aimer soi-même est un préalable pour aller vers les autres. Être bien avec soi, permet de se sentir bien avec les autres. C'est créer de la disponibilité à soi, aux autres, à tout ce qui nous entoure.

Une jeune étudiante assistante sociale, a beaucoup de mal à écouter sans émotion le récit des personnes qu'elle doit aider. Elle ramène chez elle toutes ces souffrances et a du mal à être dans l'assistance et la construction de solutions. Elle ne laisse pas sa « blouse » au vestiaire en partant, ni toutes les émotions qu'elle a vécues avec les autres dans sa journée.

Être dans l'empathie est une qualité humaine importante dans le domaine personnel et professionnel. Prendre du temps pour soi, favorisera un recul nécessaire pour ne pas se laisser submerger par nos propres émotions ou celles des autres. Sans cette distance, aucune aide, aucune décision, aucune solution concrète ne pourra être apportée sur le plan

3. Alain, *Éléments de philosophie*, Gallimard, 1941.

personnel ou professionnel. L'ami ou la personne *souffrira avec*, dans une sympathie certes, mais avec des émotions contagieuses de l'un à l'autre, et qui se révéleront entraver le processus d'action.

La sympathie et l'empathie : nous pouvons être en sympathie (souffrir avec) ou en empathie (ressentir avec) avec les personnes qui nous entourent. Un professionnel des relations humaines et sociales pourra être dans l'empathie afin de garder de la distance par rapport à une situation et dans la relation avec l'autre. Il sera dans la compréhension de ce que vit la personne, mais ne se laissera pas déborder par ses émotions, ni par celles de la personne qui est en face de lui.

Prendre le temps de connaître notre manière de réagir face à nos propres émotions nous permettra de mieux agir si nous sommes confrontés à ces émotions, les nôtres et celles des autres.

Exercice

Installez-vous dans un endroit calme, debout, assis ou allongé et écoutez ce qui se passe en vous. Quelle est la partie de votre corps qui vous est la plus présente, la tête, les mains, le ventre, les pieds… Portez votre attention à la partie que vous ressentez le plus et voyez juste ce qui se passe. Les émotions passent par le corps.

Dans un deuxième temps, vous pouvez élargir votre champ de ressenti intérieur lié à votre corps ou à certaines parties de votre corps, en ressentant dans le même temps l'environnement dans lequel vous vous trouvez.

Réflexion

Être disponible

Nous pouvons nous poser la question de la disponibilité. La disponibilité à nous-même, c'est laisser de l'espace en soi pour être disponible à l'autre.

Si nos émotions emplissent notre espace, comment avoir de la place pour autrui ?

Nous pouvons nous poser cette question.

Pour aller plus loin, nous pouvons-nous demander comment nous pouvons développer cet espace de liberté et de disponibilité en nous. En nous efforçant peut-être de nous accorder quelques minutes par jour de calme, d'immobilité et de choix volontaire de ne rien faire…

Faire de la place en soi, c'est faire de la place à l'autre.

Marcher et faire un tout petit peu d'exercice

Cela peut être plus important que deux heures par semaine. Pourquoi ?

Cinq minutes ou dix minutes quotidiennes entretiennent notre corps, relâchent nos petits enraidissements accumulés pendant la nuit, résorbent les petites tensions et rétablissent des petits équilibres malmenés pendant le jour précédent et qui souvent passent inaperçus.

Sans ces petites corrections quotidiennes, des douleurs peuvent apparaître, des positions ou attitudes peuvent perdurer à l'insu de celle ou de celui qui les ressent. Elles peuvent s'installer dans le temps.

On peut choisir nos options sélectionnées et notre marche à suivre…

C'est nous qui décidons et c'est à nous de nous y tenir.

Une à deux heures d'exercices par semaine restent souhaitables.

Exercice

Prenons la résolution de faire une minute, trois minutes, cinq minutes de petits exercices quotidiens ou d'étirements. Choisissons nos exercices et engageons-nous à respecter ce que nous aurons décidé. On peut aussi choisir au départ de s'accorder une journée par semaine sans exercice.

Nous pouvons également marcher en pleine conscience. Nous pouvons ressentir ce qui se passe lorsque nous marchons. Prenons conscience du balancement de notre corps, du léger déséquilibre qui se crée lorsque nous avançons d'une jambe sur l'autre, d'un pied sur l'autre.

Réflexion

Vivre en pleine conscience

La pleine conscience donne des outils pour vivre l'instant présent. C'est une manière d'appréhender la réalité quotidienne en étant dans l'ici et maintenant de notre vie. Le sujet observe ses sensations et prend conscience de son niveau de concentration par des exercices concrets. Il s'agit de regarder avec attention l'instant qui se présente, en observant, en ressentant, comme si, par exemple, un spot ou un rayon de lumière mettait en évidence une crampe qui commence à s'installer dans le mollet. C'est ressentir ce qui se passe dans la jambe, avant de changer de position. C'est une focalisation maximum de notre champ de conscience dans une partie de notre corps… ou dans notre vie.

Initiative 5

Aimer la vie

« Il y a plusieurs façons
d'être heureux dans la vie,
la première est d'aimer la vie. »
Albert Camus

5

Un événement qualifié de « malchance » peut se révéler positif car il peut nous faire évoluer en voyant les choses différemment.

La philosophie grecque nous propose d'accepter, d'accueillir les événements qui nous arrivent et qui ne dépendent pas de nous. Lorsqu'ils dépendent de nous, essayons de les prendre au premier abord avec distance et recul, s'ils sont chargés d'émotions. Dans un deuxième temps, essayons de modifier l'angle de vision en modulant notre position face à une situation. Ce qui nous fait voir l'événement sous un autre angle.

C'est notre regard et la manière de voir les choses qui orientent notre point de vue, et donc notre qualité de vie. Nous pouvons agir uniquement sur les événements qui dépendent de nous.

De plus, on ne voit pas les évènements et les situations de la même façon, lorsqu'ils sont vécus de l'intérieur, ou de l'extérieur par le regard des autres.

Les évènements transforment, font évoluer, même des évènements que l'on pourrait qualifier de « malchance ». Notre manière de voir peut donner un nouveau sens aux aléas de la vie qui nous arrivent et enrichir notre personnalité d'un nouveau vécu.[4]

Vivre au présent : c'est privilégier le moment de notre existence, c'est être au monde, être au plus près de l'instant et de le cueillir sans *a priori,* sans attente particulière. Être simplement là, ici et maintenant, en appréciant ce *présent* du présent et de la vie.

---

4. Anne Haudine, *Maximes pour la vie, les cinq saisons, dont le confinement,* Chantoiseau, 2022.

Réflexion

S'ouvrir à la réalité

L'ouverture à la réalité, au temps, c'est les accepter. L'acceptation des choses qui dépendent de nous et celles qui ne dépendent pas de nous est une valeur qui nous permettra de vivre mieux.

Il est question de la réalité qui nous entoure, mais il s'agit aussi de l'acceptation de nos états d'âme et de nos émotions à l'intérieur de nous.

L'acceptation est un accueil *a priori* des émotions dont nous sommes le récepteur, positives comme négatives. Nous faisons face à ce qui arrive, en nous confrontant volontairement, en regardant ce qui passe, sans faire l'autruche, sans chercher à chasser une émotion qui nous déplairait...

L'acceptation de nos émotions consiste à les vivre au lieu de les nier ou de les contrôler. L'acceptation de ce qui nous arrive et du monde tel qu'il est nous rapproche de la résilience.

Le côté rose de la vie

L'optimisme est-il une affaire de volonté ?

Est-on optimiste ou pessimiste par nature ? Des études montrent 40 % d'inné et 60 % d'acquis pour cette qualité.

Entretenir la vindicte c'est se faire mal à soi-même, et non à l'autre, car ce sont nos pensées. Si celles-ci sont négatives, ce n'est pas à l'autre qu'elles sont adressées, mais à nous-même, car elles sont en nous. Ça se passe à l'intérieur de nous, donc on se fait du mal à nous nous faisons du mal à nous-même. La vindicte et le ressentiment peuvent également entretenir une certaine culpabilité et un sentiment de revendication éventuel ou victimaire…

Certaines personnes semblent mettre leur mal-être et leur *déprime* sur le compte de leur éducation et de leurs parents. À un certain âge, on n'est plus dans l'inné, on se fait soi-même par l'acquis, l'éducation, le temps, les autres, ses formations, son travail, ses valeurs, ses passions… Même en cas de maltraitance physique ou psychologique, en cas d'abus ou de comportements abusifs, notre personnalité a les ressources pour se construire et se reconstruire. La vie est faite d'épreuves que nous sommes amenés à surmonter. Toutes les expériences de la vie, les joies, les peines, les difficultés forgent notre personne, si celles-ci ne nous submergent pas, « tout ce qui ne tue pas rend fort ».[5]

Nos parents ne sont pas responsables de toutes les facettes de notre personnalité.

Voyons les côtés positifs, plutôt que de nous plaindre. Choisissons l'optimisme et engageons-nous sur cette voie, nous serons gagnants.

Tout n'est jamais ni que négatif, ni que positif. Choisissons délibérément de voir l'adret et non l'ubac ![6]

---

5. La Rochefoucauld, *Réflexions ou sentences et Maximes morales*, Claude Barbin, 1665.

6. L'adret est le versant exposé au soleil, l'ubac est le côté à l'ombre.

Exercice

1. Essayons dans une situation donnée de changer l'angle de notre point de vue. Nous pouvons même changer de place et voir ainsi notre environnement spatial de manière différente. La technique des jeux de rôle propose dans un dialogue de changer de siège lors de l'inversion des personnages, le conjoint ou la conjointe dans une situation de couple par exemple.

2. Si nous surprenons en nous une pensée négative, une plainte contre Untel ou le temps. Touchons notre bague, notre montre, le lobe de notre oreille, notre barbe et disons intérieurement : « **Stop** ». Prenons l'habitude, comme règle générale de notre vie, d'éloigner ce négatif qui peut nous ronger à la longue et accueillons le positif.

3. Voyons dans notre journée, lors de notre récapitulatif du soir, un motif d'être satisfait de nous, quel qu'il soit, un rien, mais qui nous donnera un élément d'autolouange, un bon point, une gratification un renforcement positif, important pour notre manière de voir la vie et de l'aimer.

Réflexion

Penser notre communication

Nous pouvons garder à l'esprit avant de transmettre une information, les trois critères de Socrate : 1. Est-ce la vérité ? 2. Est-ce bon ? 3. Est-ce utile à dire ou à faire ?

Pour exemple, 75 à 80 % conversations concernent les autres, nos proches. Nous pouvons-nous demander, à l'aune de ces trois critères de Socrate, si notre conversation concernant tel ou tel collègue est bienveillante, utile et finalement intéressante à continuer ?

Initiative 6

S'émerveiller et désirer ce que l'on a

« Le ciel au-dedans de moi est aussi vaste que celui qui s'étire au-dessus de ma tête. »[7]

Etty Hellisum

6

S'émerveiller c'est garder un esprit d'enfant. C'est regarder le monde avec la curiosité de la nouveauté qui nous entoure. C'est prêter attention aux beautés présentes dans notre environnement, qui sont là et que notre œil perçoit si on prend un petit temps de concentration pour appréhender l'instant présent. C'est manifester de l'intérêt pour l'ici et maintenant qui fait notre quotidien et savoir que l'on prend ce temps d'attention.

Ce petit temps nous permet du recul et une mise à distance dans notre monde quotidien. C'est faire confiance à la vie, malgré les années qui s'accumulent, et les événements vécus. C'est faire preuve d'optimisme, et l'optimisme est un facteur de bonne santé. On ne choisit pas toujours de vouloir être optimiste, mais essayons de conserver notre regard d'enfant et de nous souvenir de garder cette fraîcheur d'esprit.

7. Etty Hellisum, *Une vie bouleversée*, Seuil, 1985.

Éduquer son regard

Il en est de même pour les personnes qui nous entourent. Les regardons-nous avec des yeux habitués à les voir tous les jours, sans surprise ou avec des yeux qui les voient vivre auprès de nous et que nous rencontrons en étant présent à cette rencontre. Pensons à voir avec la conscience, de poser ce regard sur l'autre. Voir dans cette action d'échange avec l'autre, les autres, le monde, la nature, les objets qui font partie de notre vie.

Réflexion

Observer

Essayons d'éduquer notre regard à l'observation. Découvrons de la nouveauté dans nos habitudes. Concentrons-nous sur un détail que nous n'avions jamais remarqué, laissons-nous surprendre et étonner par une couleur, par un objet, par un angle d'appréciation, par un nouvel éclairage. Regardons en *prêtant* attention (souvent cette expression est utilisée en creux, en négatif : *nous ne prêtons pas attention).* Nous pouvons même choisir d'attirer notre attention sur une petite fleur que nous n'avons pas vue et qui pousse là au milieu de nulle part.

Désirer ce que l'on a

« Il ferma les yeux… L'infini était en lui. »[8]

Rainer Maria Rilke

Il est important de vivre l'instant présent. Être dans notre « maintenant » plutôt que dans le passé avec des regrets, des remords ou des ressentiments envers les personnes ou les situations, car on ne peut agir sur ce qui est déjà loin de nous. Nous pouvons exercer quelque influence sur le fil ténu du présent et sur ce qui dépend de nous. Ayons à l'esprit d'agir sur quoi nous avons prise, et non sur les choses qui existent et qui suivent leur cours en dehors de nous.[9]

Un philosophe grec, Épicure[10], évoquait le fait de se contenter de ce que l'on a. Juste ce qu'il faut pour satisfaire nos besoins de tous les jours et se satisfaire de ce que l'on a.

Apprécier ce que nous avons est d'une grande sagesse, surtout dans une société qui met en avant les consommations de tous ordres et nos besoins insatisfaits, pour toujours vouloir plus.

8. Rainer Maria Rilke, *Lettres à un jeune poète*, Livre de Poche, 1989.

9. Épictète, *Manuel*.

10. Épicure, *Maximes*.

On peut se poser la question, dans notre société actuelle, sommes-nous des consommateurs, des citoyens, des usagers ou tout cela à la fois ?

Vivons-nous dans un monde de Barbie® rose bonbon où la consommation emplit notre horizon, ou sommes-nous dans la vision d'Épicure et de Bouddha où le nécessaire peut suffire…

« Les désirs des humains sont au-delà de leurs besoins… »[11]

Michel arrive d'un pays africain. Lors de son accueil, la personne lui propose de lui acheter des baskets, car il est mal chaussé. Il refuse les baskets, en disant que les chaussures ne sont pas la marque qu'il souhaitait…

Une insatisfaction peut se créer entre la différence avec notre désir, nos attentes, nos rêves. La satisfaction d'un besoin ne comble pas toujours nos attentes, réalistes ou non.

La *rivalité mimétique*[12] peut être expliquée par cette tendance de l'humain à désirer ce que l'autre désire dans une volonté de compétition.

Également, une inégalité, peut-être même une injustice, peut devenir un élément moteur pour changer, pour s'engager. L'engagement personnel peut être

11. Dr Philippe De Mey.

12. René Girard, *La violence et le sacré*, Fayard, pluriel, 2023.

un levier personnel d'évolution de la société. Agir au niveau individuel et collectif est important.

Nous pouvons évoquer ici le phénomène de la résilience en métallurgie, qui permet à un métal de se tordre sans se rompre.

Ce concept a été repris par Boris Cyrulnik[13] en psychologie. Nous sortir d'un ou de plusieurs situations difficiles, nous amène à résister, à nous dépasser et à nous adapter aux évènements de la vie, souvent en se surpassant, en rebondissant sans être « cassé ».

Éliette se plaint, la vie, dit-elle, ne lui apporte pas ce à quoi elle aurait droit. Elle attend plus que ce qu'elle voudrait, plus que ce que la vie lui donne. Mais tout est relatif, a-t-elle plus que d'autres, a-t-elle moins que d'autres ?

Elle aimerait un jardin plus grand, pour avoir de la place et planter des fleurs et un potager et des légumes. Elle ne se contente pas de ce qu'elle a déjà, elle veut plus, *toujours plus*. Envie raisonnée, par rapport à soi, jalousie par comparaison avec d'autres, voisin proche, ou famille. Éliette se rend malheureuse. Elle n'apprécie pas ce qu'elle a déjà...

Commencer par voir ce que l'on a et l'apprécier est une vraie leçon de philosophie.

13. Boris Cyrulnik, *Un merveilleux malheur*, Poche, 2002.

Exercice

La prochaine fois où vous rentrez chez vous après quelques jours d'absence, essayez de regarder les pièces de votre appartement ou de votre maison avec leur décoration, celle que vous avez choisie, comme si c'était la première fois que vous la voyiez. Comme si vous entriez dans l'univers d'une personne et que vos yeux découvrent un univers pour la première fois. Comme la découverte d'une nouvelle personne, d'un nouveau lieu, d'un nouveau paysage

Ce petit exercice est intéressant car il vous déconnecte de l'acquis de vos habitudes et vous donne un regard plein d'attention sur un quotidien connu mais redécouvert.

L'intérêt de cette découverte n'est pas loin de l'émerveillement.

Réflexion

Cultiver l'émerveillement

S'émerveiller, c'est avoir un esprit d'enfant, c'est-à-dire trouver de la nouveauté, de la curiosité, de l'intérêt, de la beauté dans ce qui nous entoure, chez les autres et dans la nature. Où nous situons-nous dans l'émerveillement de notre vie ? Pouvons-nous retrouver des souvenirs de l'enfant qui est en nous ?

Être en contact avec la nature ou avec un animal

« Plus je connais les hommes, plus j'aime mon chien. »
Proverbe

Être en contact avec la nature, c'est se promener dans la campagne, dans une forêt, au bord de la mer…

C'est se ressentir dans cet élément qui est le nôtre et qui ne nous est pas toujours familier si nous sommes des citadins.

Avoir un animal, de préférence un chat ou un chien, c'est déjà être en relation avec le côté animal de nous-même. Ne parlons pas d'un oiseau, d'un poisson ou d'un autre reptile, qui peuvent avoir leur rôle à jouer mais n'ont pas les mêmes codes de communication.

L'animal se met rarement en colère, il n'est pas rancunier, il est positif et nous apporte sa bonne humeur. Il est content de nous voir revenir à la maison.

On peut lui parler, le féliciter ou lui dire toutes sortes de choses ; nous avons toujours quelqu'un à qui parler. Nous ne sommes jamais seuls.

La caresse de l'animal nous apporte une relation tactile importante, le chat ronronne, et ce ronronnement est un bienfait en soi, qui dégage des vibrations qui semblent déclencher la production d'endorphines, et sont positives à notre bien-être.[14] Le chien agite sa queue de contentement à notre vue, et cela ressemble à une gratification que l'on reçoit. L'animal nous accueille comme tel, comme nous sommes et nous le manifeste à sa façon.

Les psychologues américains parlent de *Pet thérapie* ou thérapie par l'animal de compagnie. Celui-ci apporte une présence rassurante et sécurisante, celle d'un compagnon toujours d'humeur égale et joyeuse.

Dans certains cas l'animal améliore la qualité de vie de son propriétaire. Il peut faciliter et accélérer les processus de guérison de certaines pathologies (cicatrisation, diabète, maladies coronariennes, consolidation, infarctus).[15/16]

Mélanie est stressée et s'endort difficilement. Son chat s'invite sur ses genoux et ronronne. Mélanie s'endort en quelques minutes.

---

14. Chantal De Mey-Guillard, *Cheminement vers la Sérénissime,* Héraclite, 2018.

15. Dr Jean-Yves Gauchet, *in Top santé,* janvier 2013.

16. Véronique Aïache, *Encyclopédie du chat soigneur*, Flammarion, 2021.

Exercice

Dans la nature

Essayons de programmer dans notre semaine, une marche, une promenade loin des néons et des immeubles. Nous pouvons alors sentir le contact de l'écorce d'un arbre, que nous aurons choisi.

Cet exercice est très bénéfique pour la santé, c'est un ressourcement qui est profitable à tous points de vue : pour le mental, pour le corps, pour la respiration, pour le calme intérieur.

Avec un animal

Caressons notre chat ou notre chien et essayons de ressentir notre main en train d'effectuer ce geste. Une fois cette caresse terminée, voyons comment notre main a ressenti ce contact avec le poil ras ou long de l'animal. Quel souvenir tactile en gardons-nous ?

Réflexion

Cultiver nos sens

Nos cinq sens nous donnent-ils leur rendement maximum ou pouvons-nous améliorer leurs performances ? La vue est le sens le plus développé, l'ouïe le suit de près, le toucher, l'odorat, et on peut ajouter la proprioception.

La vue nous l'avons déjà abordée (initiative 6).

Pour *l'ouïe,* nous pouvons écouter un morceau de musique en essayant de reconnaître les instruments, la hauteur des sons de chacun, voir les harmonies entre eux et par-delà, l'ensemble et la musicalité de la pièce.

Pour *le toucher,* il est intéressant avant de « connaître » avec sa main et ses doigts, d'imaginer le contact, la consistance d'un objet, d'une feuille d'arbre, d'un tissu.

Pour *l'odorat,* nous pouvons nous habituer à sentir un plat, une fleur, en essayant de mettre un vocable sur l'odeur ressentie ou de l'associer à d'autres odeurs., car l'odorat, contrairement aux animaux, a beaucoup perdu pour nous humains en richesse d'évocations.

Pour la *proprioception,* nous pouvons discerner, évaluer la perception de notre état interne et de nos tensions musculaires, en essayant de relâcher un tout petit segment contracté. Nous pouvons également essayer de nous visualiser en volume. Regardons-nous, pensons-nous en trois dimensions.

Initiative 8

S'occuper l'esprit

Lire, faire des mots croisés, des mots fléchés

> *« Quoi qu'il arrive, j'apprends. Je gagne à tout coup. »*
> Marguerite Yourcenar

8

Des études indiquent que lire 20 pages par jour éloigne la maladie d'Alzheimer !

Lire est une belle aventure qui nous fait découvrir le monde et d'autres mondes. Lire nous ouvre les portes d'univers différents de celui dans lequel nous vivons. Lire nous emmène loin, avec simplement du papier ou une liseuse…

Faire des mots croisés, des mots fléchés, jouer au Scrabble®, au bridge ou à tout autre jeu qui fait travailler la réflexion nous permet de garder en forme nos neurones. Les aiguiser, raviver nos connexions, activer notre mémoire vive… Rester vif et alerte du côté de nos fonctions cérébrales supérieures. Aller sur Internet, *Wikipédia*, et d'autres sites d'intelligence artificielle, ou dans sa bibliothèque de quartier ou à la médiathèque. On continue toujours d'apprendre. Les neurones et les connexions neuronales se développent toute la vie, contrairement à l'idée reçue de leur fin de vie est liée à l'âge de la personne.

La *concomitance* semble faciliter l'apprentissage simultané de deux disciplines physique ou cognitive qui se renforcent l'une par l'autre, ou deux activités simultannées. Grâce à ces actions ou apprentissages concomitants, les zones cérébrales sollicitées seraient plus réactives et en plus grande capacité d'apprendre et de mémoriser. On peut également associer deux stimuli pour renforcer une acquisition ou un apprentissage. Par exemple, la méthode Gattegno d'apprentissage de la lecture se fait par l'association de couleurs avec l'étude de la lecture.

L' EMDR (Eyes Movement Desensitisation Reprocessing) se fait en associant un stimulus visuel avec l'orientation des yeux. Ils suivent les gestes de la main et les indications de la voix.

Par exemple, apprendre deux langues étrangères en même temps ; pour un enfant apprendre à faire du vélo et en parallèle apprendre à lire. Actuellement il existe peu d'études, sur ce sujet, et peu de recherches publiées.[17]

Poser des questions et chercher les réponses dans un dictionnaire, sur son téléphone (pas trop à table !), c'est faire reculer les limites de son savoir c'est aiguiser son intelligence et sa culture générale. En

17. Chantal De Mey-Guillard : concept pour un apprentissage simultané : la concomitance.

terme neurologique, c'est créer de nouveaux circuits ou revisiter des canaux existants qui se rafraîchissent et ravivent nos connaissances. C'est à la fois un plaisir de chercher une réponse et une gratification personnelle de s'adonner à ces recherches.

Ne pas remettre à plus tard. Plus tard c'est peut-être jamais, et cela dans tous les domaines de notre vie et pas seulement pour la recherche de sens d'un mot. Le temps a passé, les fleurs sont fanées.

Le temps qui passe ne se rattrape guère, dit la chanson. C'est une discipline individuelle de faire tout de suite ce que nous avons décidé de faire.

C'est passer de la réflexion à l'action. Sauf si nous sommes procrastinateurs ! Dans ce cas, l'hésitation peut durer un certain temps.

(Allons chercher le sens de ce mot si nous le voyons pour la première fois ou son origine étymologique si nous l'avons déjà vu).

Le temps, c'est de la connaissance. Profitons de moments de loisirs ou de liberté pour nous occuper l'esprit, nous intéresser, poser des questions, nous instruire.

Exercice

La prochaine fois que nous aurons, dans un jeu, un mot que nous ne connaissons pas ou dont le sens est approximatif pour nous, allons chercher immédiatement la réponse sur notre téléphone ou dans notre vieux dictionnaire.

Effectuons cette recherche immédiatement, sans délai, après c'est trop tard et ce n'est plus d'actualité et l'oubli l'aura emportée.

Réflexion

Valoriser l'éloge de la lenteur

Pour aller dans le paradoxe, autorisons-nous l'inaction ou faisons une action inutile. Essayons de nous connecter ou de nous reconnecter à la gratuité de nos activités. Évitons la spirale de la fuite en avant et posons-nous la question de ce *qui me fait courir*. Le remplissage des heures de la journée nourrit-il ma curiosité ou comble-t-il un vide ? Quel sens je donne à ma vie par mes occupations ? Est-ce que mes activités me rapprochent ou m'éloignent de moi ?

Et faisons l'éloge de la lenteur.

Être en relation avec les autres, se sentir utile

« Je déteste la société,
mais j'adore les individus. »
Sylvain Tesson

L'être humain est un animal social. Nous avons besoin de contacts, de relations sociales. Nous avons besoin de nous sentir utiles. Cela donne du sens à notre vie. Notre petit temps sur la Terre prend plus de valeur à nos yeux, et à juste titre. Donner, c'est s'enrichir soi-même.

Être plus dans la confiance que dans la défiance vis-à-vis des autres, leur réussite apporte à notre propre réussite.

Pendant notre pérégrination sur la Terre, nous avons notre petite pierre à mettre à l'édifice, à réaliser les « talents » qui nous sont propres…

Exercice

Si cela nous est possible, par écrit, voyons quelles activités nous pratiquons, quelles passions nous occupent et occupent notre temps libre. Nous mettront-elles en relation avec les autres, rencontrons-nous d'autres personnes, apprenons-nous de ces activités, trouvons-nous du plaisir dans le rôle que nous tenons dans ces lieux de convivialité ?

On peut se poser la question de savoir quelles sont nos valeurs ? Ou si ce terme paraît trop fort, demandons-nous ce qui nous motive. Ce qui nous fait vivre et nous intéresse dans la vie : par exemple, la famille, le sport, le travail, la création, les autres, l'écologie, le climat, etc.

Réflexion

Donner, recevoir : réciprocité et reconnaissance

Nous sommes riches de ce que nous donnons. Donner et recevoir font partie des échanges gratifiants dans nos relations interpersonnelles avec les autres. « Dans le don, il ne s'agit pas d'avoir pour avoir, mais d'avoir pour être »[18]. Présenter quelque chose à quelqu'un, c'est présenter quelque chose de soi.

18. Marcel Mauss, « Essai sur le don », *L'Année sociologique,* n°1923-1924, 1925.

Initiative 10

Remercier pour notre vie

« Dans le monde entier tout chante. »
Mathilde (7 ans)

Remercier, c'est avoir la distance nécessaire pour se rendre compte que l'on apprécie ce que l'on a : ce qui est dans notre vie et dont on peut bénéficier. Certes les besoins diffèrent selon les personnes, les lieux, les cultures, notre environnement. Mais il s'agit plus ici d'une manière de prendre la vie et ce qu'elle nous apporte, à nous en particulier…

10

Apprécions le fait d'être en ce lieu, et essayons d'aller jusqu'à remercier d'avoir la chance d'être ce que nous sommes, là où nous sommes, avec qui nous sommes.

Sachons également remercier de la chance d'être vivant et d'en avoir conscience. De vivre auprès de proches que nous aimons. Le leur dire est parfois difficile avec le temps qui passe et les habitudes de la routine quotidienne. Mais essayons au moins de penser à cette chance d'être dans cette vie et avec une personne que l'on apprécie. Même si l'amour a évolué au fil du temps, d'*Éros* (l'attirance physique) à *Agapè* (la bienveillance partagée) en passant par *Philia* (l'amitié au sens large), apprécions et regardons avec un regard renouvelé et neuf en remerciant la vie pour ce qu'elle nous donne.

Exercice

Prendre une minute au lever et se poser la question : comment nous sentons-nous actuellement dans notre environnement et avec les personnes qui sont autour de nous ?

Notre journée aura une tonalité différente, Nous partons d'un bon pied dans ce jour nouveau, qui peut nous apporter uniquement de bonnes choses, à l'aune de notre humeur optimiste et pleine de gratitude.

Dernière réflexion

Remercier pour estimer

Quel sens donnons-nous à la réalité qui nous inscrit dans la vie, dans le temps et dans l'espace ?

Remercier, c'est avoir le recul nécessaire pour s'estimer soi-même et apprécier les autres dans une reconnaissance de leur valeur. C'est peut-être aussi laisser une trace positive de notre passage sur la Terre.

Réfléchir à cette trace que nous voulons ou non laisser.

À la Vie, à une Transcendance ?

> « Merci pour ce que je suis, là où je suis, avec qui je suis,
>
> Je remercie pour cette journée, début d'éternité,
>
> Je remercie pour le petit espace-temps qui m'est imparti, Et la conscience que j'en ai. »

Anonyme

À emporter sur une île déserte

Ce qui dépend de nous (là où nous pouvons agir)

Ce qui est urgent et important (nos priorités)

Le jardin secret (ou un lieu où l'on se ressource et où l'on se sent en confiance et en sécurité)

L'ancrage du petit temps pour soi (qui nous relie à nous et à la réalité quotidienne) (5 minutes d'exercice tous les jours, quoi qu'il arrive et où que l'on soit)

Relativité

Le soleil luit pour tout le monde,
Ou pour personne,
Selon le temps qu'il fait.

Pierre Dac

Bibliographie

Aïache Véronique, *Encyclopédie du chat soigneur*, Flammarion, 2021.

Alain, *Éléments de philosophie*, Gallimard, 1941.

Bonnamour Jean-Yves, *Voyage intérieur*, tome 1 et 2, Chronique sociale, 2009.

Camus Albert, *Noces*, suivi de *L'été,* Folio, 2009.

Cottraux Jean,

– *Choisir une thérapie efficace*, Odile Jacob, 2011.

– *Les psychothérapies cognitives et comportementales*, Elsevier Masson, 7e édition, 2020.

Covey Stephen, *Priorité aux priorités*, First, 1998.

Dac Pierre, *L'os à moelle*, Manges, 1938.

De Closet François, *Toujours plus,* Grasset, 1984.

De Mey-Guillard Chantal,

– *Accepter ses émotions*, Chronique Sociale, 2012.

– *Cheminement vers la Sérénissime*, Héraclite, 2018.

Épictète (stoïcien), *Manuel,* (50-130 av. J.-C.).

Épicure, *Maximes,* (341-270 av. J.-C.).

Haudine Anne, *Maximes pour la vie, les cinq saisons, dont le confinement,* Chantoiseau, 2022.

Hellisum Etty, *Une vie bouleversée,* Seuil, 1985.

La Rochefoucauld, *Réflexions ou sentences et Maximes morales,* Claude Barbin, 1665.

Mauss Marcel, « Essai sur le don », *L'année sociologique,* n°1923-1924, 1925.

Morgan Charles, *Des êtres sous influence, Le juge Gascogny*, Autrement, 1998.

Prévert Jacques, « Barbara », *Chansons,* 1946.
Saint Paul, *Épître aux Corinthiens,* VI, 19.
Tesson Sylvain, *La panthère des neiges*, Gallimard, 2019.
Yourcenar Marguerite, *Les yeux ouverts*, Bayard, 1980.

Pour contacter l'auteure : de.mey-guillard@orange.fr

Chez le même éditeur

144 p.
L'essentiel

Initiation aux thérapies cognitive et comportementales

Chantal De Mey-Guillard

Chantal De Mey-Guillard doit être félicitée *pour ce livre de présentation au grand public des thérapies comportementales et cognitives (TCC).*
Le lecteur trouvera dans ce livre toute la richesse de son expérience clinique avec les patients ***souffrant de stress post-traumatique*** *et qui ont été suivis soit à Lyon Aide au Victimes, soit à l'unité de traitement de l'anxiété du CIIU de Lyon. Dans un style aisé et d'une manière vivante ce livre, permet au lecteur de s'initier à un courant de psychothérapie, qui a pris toute son importance au cours des dix dernières années.*
Les thérapies comportementales et cognitives se sont développées progressivement en Europe depuis les années 1970, mais les premiers travaux dans les pays anglo-saxons remontent à la fin des années 1950. Elles appliquent à la pratique clinique de la psychothérapie ce que la psychologie scientifique permet de comprendre du comportement humain.
L'hypothèse de départ des thérapies cognitives et comportementales est que, dans certaines circonstances, un apprentissage inadapté – émotionnel, cognitif ou comportemental – se met en place. Ce sont ces apprentissages pathologiques qu'il faut modifier pour guérir un patient de ses troubles.
Les découvertes des neurosciences offrent de nouvelles perspectives pour la compréhension à la fois biologique, psychologique et sociale de l'apprentissage.

Extrait de la préface du Docteur Jean Cottraux - IFFORTHECC

Ce livre s'adresse à toute personne curieuse désirant s'informer pour elle-même ou son entourage.
Cet ouvrage sera un **outil de travail** pour les personnes du secteur sanitaire et social, du domaine de la santé, pour les étudiants en psychologie, afin de leur permettre d'élargir le champ de leur connaissance dans un domaine qui est peut-être peu ou pas abordé dans un cursus universitaire.

Chez le même éditeur

96 p.
L'essentiel

Accepter ses émotions

Chantal De Mey-Guillard

Il est grand temps de prendre soin de soi et de veiller à ses émotions. Mais de quelle façon ? On pense toujours à soi, peut-être déjà trop ou pas assez… ou pas comme il faudrait. Alors comment aborder cette question d'un point de vue qui nous étonnerait, nous surprendrait ?
Prendre soin de soi est, dans cet ouvrage, **prendre conscience de ses émotions,** positives ou négatives, et **apprendre à les accepter** en tant que telles pour mieux les gérer. C'est-à-dire, ne pas les fuir, mais les identifier et les analyser.
Nous partirons de nos émotions en essayant d'éclairer cet aspect, par la *troisième vague des Thérapies cognitives et comportementales (TCC).* Puis dans la deuxième partie nous aborderons les exercices pratiques.
Ces exercices nous permettront de mieux nous familiariser avec nos émotions et avec l'acceptation de celles-ci.
Si l'on prend soin de soi et si l'on parvient à mieux gérer ses émotions, on a la possibilité de s'ouvrir plus aux autres, de pouvoir ressentir les émotions liées aux êtres qui nous entourent, leur souffrance, leur tristesse et leur joie.

Chez le même éditeur

96 p.
L'essentiel

Escales vers soi

Chantal De Mey-Guillard

Un ouvrage pour mieux **découvrir ses potentialités,** pour se ressourcer, pour se détendre grâce à des mises en situations créatives et relaxantes. À faire seul ou en groupe.
Ouvrir les yeux, s'étonner de petits riens dans le quotidien : « C'est la vraie marque d'un philosophe que le sentiment d'étonnement », disait Platon.

Vous allez embarquer sur un chemin, le vôtre; soyez à l'écoute de vos sensations internes, afin d'être présent à vous-même et non pas hors de vous.
Ces escapades vous donneront d'autres facettes pour aborder ce **puzzle toujours recommencé de vous-même.**

Chez le même éditeur

62 p.
L'essentiel

Relaxation minute

Chantal De Mey-Guillard

Des petits exercices de relaxation à faire dans l'endroit où on se trouve, dans un temps restreint, sans nécessité d'un espace spécifique.
Ces petites relaxations durent une à deux minutes au plus ! Leur objectif est d'être plus présent dans le quotidien de votre journée, à votre travail ou à la maison. **Vivre l'instant présent,** en étant là pour recevoir et accepter « tout » ce qui vous arrive.
Elles sont simples à exécuter, elles ont le mérite de vous faire adopter un autre point de vue sur l'habituel de vos attitudes. Elles permettent une **mise à distance** du quotidien sur le plan personnel ou professionnel.

Chez le même éditeur

96 p.
L'essentiel

Sentiment de culpabilité

Méthode Vittoz

Se libérer du sentiment de culpabilité vécu parfois de longues années, n'est-ce pas le souhait de nombreuses personnes ?

Ces **différentes contributions,** issues d'accompagnement en thérapie de différentes situations de vie (deuils, poids familial, relation conflictuelle…), de praticiens mettent en évidence l'efficacité et la profondeur des exercices de la méthode Vittoz.

La **mise à jour de souvenirs** et de « clichés » au moyen d'exercices appropriés sera complétée par un **travail de mise à distance** et **de restauration.** Le sujet libéré d'entraves douloureuses pourra poursuivre le cours de sa vie, renouvelé en profondeur dans son être.

Cet ouvrage collectif écrit dans un langage accessible apporte un éclairage utile et pertinent sur la méthode du Docteur Vittoz.

Chez le même éditeur

96 p.
L'essentiel

Croire en soi

Danielle Gréhan-Marie

L'Homme d'aujourd'hui est malheureusement trop souvent coupé de ses sensations, de ses émotions, de ses valeurs propres, de sa faculté à penser par lui-même, à réfléchir, à **prendre conscience.**
Il est coupé de son **intériorité**… et pourtant, en ce lieu, réside la véritable aide dont il a besoin.
Avec la méthode proposée par le docteur Roger Vittoz, il peut s'éveiller à la réalité de son être profond, il peut retrouver une qualité de présence à lui-même, **retrouver la dimension spirituelle de son être.**
Descendre dans nos profondeurs pour apprivoiser nos peurs, nos colères, nos manques, nos chagrins, mettre à jour tous nos besoins muets, controversés, minimisés, piétinés, c'est faire monter la sève dans l'arbre d'un JE qui se verticalise lentement au fil du temps **des retrouvailles de l'Homme avec lui-même.**
Cet ouvrage, rendu vivant par de nombreux exemples, décrit le cheminement de l'auteure, à la fois comme personne et comme thérapeute. Elle y présente les éléments-clés de la méthode Vittoz notamment dans le cadre de sa pratique du traitement psychique.